UN ÉPISODE

DE LA

GUERRE DE HOLLANDE

(1672)

Par le Lieutenant-Colonel ROUSSET

AVEC UN PORTRAIT ET UNE CARTE

BERGER-LEVRAULT & Cie, ÉDITEURS

PARIS	NANCY
5, RUE DES BEAUX-ARTS	18, RUE DES GLACIS

1900

UN ÉPISODE

DE LA

GUERRE DE HOLLANDE

(1672)

Louis François du BOUSCHET M.is de SOURCHES né en 1639
Pr Prévost de FRANCE en 1664   C.te d'un B.te de son nom
G.d L. G.l des P.ces du MAINE   mort à PARIS en 1716

UN ÉPISODE

DE LA

GUERRE DE HOLLANDE

(1672)

Par le Lieutenant-Colonel ROUSSET

AVEC UN PORTRAIT ET UNE CARTE

BERGER-LEVRAULT & Cie, EDITEURS

PARIS | NANCY

5, RUE DES BEAUX-ARTS | 18, RUE DES GLACIS

1900

UN ÉPISODE

DE LA

GUERRE DE HOLLANDE

(1672[1])

———

Les pages que l'on va lire sont extraites d'un manuscrit dont je dois communication à l'obligeance de mon vieil ami et camarade, le duc des Cars. Un de ses ancêtres paternels, le marquis de Sourches, grand prévôt de France sous le règne de Louis XIV, a laissé des mémoires fort intéressants et instructifs, dont la presque totalité a été publiée en 1882 par les soins du comte Jules de Cosnac et de M. Arthur Bertrand. Mais ces mémoires, sorte de journal de la cour de Versailles, à la façon de celui de Dangeau, ne commencent qu'au 25 septembre 1681. Un gros in-folio manuscrit, conservé au château de Sourches, contient, entre autres choses, le récit des deux campagnes de 1667 et 1672, faites par l'auteur en qualité de colonel du régiment d'infanterie de son nom. C'est là que j'ai trouvé la narration curieuse du combat de Swammerdam, que je transcris ici.

Ce combat de Swammerdam et les scènes qui l'ont suivi constituent un épisode saisissant des guerres du XVIIe siècle, parce qu'on y trouve en relief le caractère de violence, de rigueur, je dirai même de sauvagerie que Louvois, tant qu'il vécut, imprima aux opérations militaires. La dévastation et l'incendie furent malheureusement choses licites, voire même recommandées, sous ce ministre qui, à des qualités de premier ordre, joignait des défauts capables de les annihiler presque toutes, et qui contribua dans une si large mesure à soulever contre son maître l'Europe entière d'alors, unie dans un commun sentiment de rancune et de haine. L'incendie du Palatinat, opprobre de sa mémoire, n'est point un fait isolé dans sa carrière, car, dès les premières années de son pouvoir, il avait habitué les armées françaises à se payer sur le

———

1. Communication de M. le lieutenant-colonel Rousset.

pays vaincu de leurs fatigues et de leurs privations, en sorte que même lorsque l'ordre de piller n'était pas donné ou se faisait attendre, la lutte se prolongeait presque toujours d'elle-même par une série de violences et d'horreurs dont la description défie parfois toute imagination. On va voir que les généraux ne s'en préoccupaient que médiocrement, quand eux-mêmes n'y participaient pas de façon directe ou indirecte. Mais on va voir aussi que, tant de fâcheux désordres, imputables surtout à des mœurs léguées par un autre âge que la générosité française allait bientôt répudier avec dégoût, chefs et soldats les rachetaient par une bravoure éclatante, cette bravoure dont nos armées ont été coutumières, sous tous les régimes et dans tous les temps.

L'affaire de Swammerdam et de Bodegrave est du 28 décembre 1672. A cette date, l'armée française se trouvait depuis près de six mois réduite à l'immobilité par suite de l'inondation de la Hollande. Elle occupait Utrecht, Grave, Nimègue et Bommel, mais ne pouvait dépasser la ligne du Vieux-Rhin. Le roi était rentré à Saint-Germain, laissant le commandement de l'armée à Turenne, et le gouvernement d'Utrecht au duc de Luxembourg; mais déjà le premier avait dû se porter vers Trèves, pour faire face aux contingents allemands qui marchaient au secours du stathouder. Quant au second, il venait de s'emparer de Wœrden (20 septembre) et d'infliger un rude échec au prince d'Orange, accouru pour reprendre la place [1]. Enfin, ce dernier ayant perdu l'espoir tant d'agir directement contre nous que de donner la main aux Impériaux, avait tenté, par un coup d'incroyable audace, de couper les communications des forces françaises avec le territoire national, et, le 15 décembre, il s'était brusquement montré devant Charleroi, où, d'ailleurs il ne put rester que sept jours, après lesquels il rétrograda sur Maëstricht.

Telle était la situation générale, quand, aux approches de Noël, une gelée très forte et continue vint transformer en une épaisse croûte de glace l'inondation tendue par les Hollandais. Luxembourg, que rongeait l'impatience de son inaction, voulut profiter de cette circonstance favorable et marcher sur La Haye pour terminer ainsi la guerre d'un coup. Il forma une colonne de 10,000 hommes et la mit en route la nuit à travers les plaines gelées; mais après quelques heures à peine, la température ayant subitement monté et la pluie étant survenue, il dut renoncer à son projet, devenu impraticable, et rétrograda. Ce ne fut pas cependant sans essayer de donner un coup de boutoir aux troupes hollandaises qui formaient les garnisons de Swammerdam et de Bodegrave. Ayant atteint rapidement ces deux villages, il en chassa l'ennemi et les brûla. Voltaire, qui a résumé cet épisode en

---

1. En récompense de ce fait d'armes, le duc de Luxembourg fut nommé capitaine de la 4e compagnie des gardes du corps.

confondant d'ailleurs certaines de ses péripéties, ajoute à sa narration le commentaire que voici : « Bodegrave et Swammerdam, deux bourgs considérables, riches et bien peuplés, semblables à nos villes de la grandeur médiocre, furent abandonnés au pillage des soldats, pour le prix de leur fatigue. Ils mirent le feu à ces deux villes et, à la lueur des flammes, ils se livrèrent à la débauche et à la cruauté. Il est étonnant que le soldat français soit si barbare, étant commandé par ce prodigieux nombre d'officiers qui ont avec justice la réputation d'être aussi humains que courageux. Ce pillage laissa une impression si profonde, que, plus de quarante années après, j'ai vu les livres hollandais dans lesquels on apprenait à lire aux enfants retracer cette aventure, et inspirer la haine contre les Français à des générations nouvelles [1]. »

L'étonnement de Voltaire s'explique. S'il eût connu la correspondance de Luxembourg et de Louvois [2], il eût compris que ces violences constituaient un système de guerre et non un simple incident. Le système était déplorable sans doute ; mais il s'appuyait cependant d'une part sur des procédés voulus d'intimidation, d'autre part sur des traditions coutumières. « Guerres sans feux sont comme andouilles sans moutarde », disait un roi d'Angleterre. Or, chacun sait que nos pères aimaient assez les mets épicés. Quant aux livres dont parle Voltaire, j'aime à croire que ce n'est point avec eux qu'a jamais pu être faite l'éducation historique des enfants hollandais. Il s'est publié en effet, immédiatement après les événements et avant la fin de la guerre, une série de libelles, dont le prince d'Orange, dans un but que l'on devine, favorisa l'éclosion et la vulgarisation. Je n'en connais qu'un, mais il suffit pour donner une idée des autres. Il est intitulé : *Advis fidelle aux véritables Hollandais touchant ce qui s'est passé dans les villages de Bodegrave et Swammerdam, et les cruautés inouïes que les Français y ont exercées.* Meurtres, viols, incendies, tortures de toute espèce, scènes de débauche et de frénésie, tableaux de folie érotique et scatologique, s'y succèdent sans interruption comme dans un pandémonium en délire. C'est, par la plume et le burin, un véritable musée des horreurs, dont la hideur, habilement poussée au noir, suffit à montrer le caractère imaginatif. De ces tableaux abominables, certains ont probablement un fond de réalité ; la plupart sentent l'effort d'un cerveau malade ou oblitéré par l'exaspération. Camille Rousset s'est borné à citer l'ouvrage [3]. En voici un extrait pris parmi les pages les plus anodines, qui peut en faire juger le style et l'esprit. « Quand je fais réflexion, dit l'auteur anonyme, sur ce que j'en ai veu dans les relations

---

1. *Siècle de Louis XIV*, chapitre XI.

2. Cette correspondance existe aux Archives de la guerre. Camille Rousset en a publié les pièces principales dans son *Histoire de Louvois*.

3. Édition in-4° à la sphère, de 1673, ornée de huit eaux-fortes de Romain de Hooge.

que j'ay en mains, et qui sont très fidelles et véritables, je me repré-
sente les François comme ce monstre, à qui les poètes ont donné le
nom de *chimère,* ayant une teste de *lion,* qui vomit de sa gueule un
feu dévorant, qui a le corps d'un *bouc* ou d'une *chèvre,* et les parties
de derrière et la queüe d'un *dragon,* parce que ceux qui se sont fait
connaître à cette guerre et particulièrement dans deux ou trois ren-
contres, possèdent au plus haut degré toutes les mauvaises qualités de
ces trois bêtes, qui sont autant d'emblèmes de la fureur, de la luxure
et d'une méchanceté envenimée et détruisante de ces monstres..., etc. »

L'auteur avoue donc, tout en accumulant les accusations les plus
monstrueuses, qu'il n'a été témoin d'aucun des faits qu'il rapporte. Il
ne les tient que de seconde main, et vraisemblablement étaient-ils déjà
fort grossis en lui arrivant. Quant aux événements purement militaires,
il les a tout simplement puisés dans la relation du marquis de Sourches, cela est indéniable. « C'est ce que les Français eux-mêmes en
écrivent », dit-il quelque part. Et de fait, il est impossible de trouver
plus parfaite similitude ni plus exacte concordance. Aussi bien dans
l'ensemble que dans les détails, les deux récits se ressemblent à tel
point que celui du Hollandais n'est à proprement parler qu'une variante
de celui du Français.

Comment cela a-t-il pu se faire ? C'est ce que je ne me charge pas
d'expliquer. Le manuscrit de Sourches est sans date. Il a pour titre :
Première campagne de l'autheur naïfvement écrite, et *Seconde
campagne de l'autheur* [1]. On lit en marge d'abord cette mention :
Remarques faites par l'autheur en l'année 1698, puis une série de
notes [2]. Et c'est tout. Le libelle hollandais ayant paru en 1673, on peut
se demander si certains papiers de Sourches, ses lettres, le carnet
peut-être où il inscrivait son journal de campagne, n'ont point été saisis
par l'ennemi, et si lui n'a pas plus tard récrit ses souvenirs. Peut-être
aussi une indiscrétion a-t-elle été commise, et un valet a-t-il trafiqué
de ses notes ? J'avoue n'avoir pas pu résoudre le problème, que je
me borne à signaler, à titre de curiosité. Voici maintenant la relation
elle-même, à laquelle il est temps de venir [3].

Lieutenant-colonel Rousset.

---

1. Le préambule de cette dernière est assez curieux. « Qu'on a de peine à quitter
Paris quand on y laisse tout ce qu'on aime ! s'écrie Sourches. L'envie qu'on a de servir son Prince et de se distinguer a bien du pouvoir. On fait avec joie tous les prépa-
ratifs pour aller à l'armée, mais quand le jour du départ est arrivé, malgré toutes les
belles propositions de fermeté qu'on s'est faites en soi-même, la tendresse du cœur se
rend la maîtresse, et l'on n'en saurait refuser des marques évidentes au moment de la
séparation. Je ne sais pas ce qui se passe dans le cœur des autres, mais je dis naïve-
ment ce que je sentis dans le mien lorsque je partis de Paris pour aller faire la campagne de 1672. »

2. Ces notes sont reproduites ci-après en bas des pages, avec la mention (A).

3. Je transcris le manuscrit avec l'orthographe usuelle, jugeant inutile de conserver
celle de l'auteur.

Extraits des Souvenirs inédits de Messire Louis-François du Bouchet, marquis de Sourches, conseiller d'État, prévôt de l'hôtel et grand prévôt de France, né en 1639, mort en 1716.

Deux mois et demi après que nous y fûmes arrivés (à Woerden), nous vîmes la première occasion sous les ordres du maréchal de Luxembourg [1], laquelle je vais écrire le plus exactement qu'il me sera possible.

Il y avait longtemps que le duc de Luxembourg avait dessein d'aller prendre les ennemis par les derrières de leurs retranchements, qui étaient très difficiles à forcer par la tête ; et comme il ne le pouvait entreprendre que pendant le temps des glaces, parce que tout le pays avait été inondé par la coupure que nous avions faite sur le Lech [2], il avait fait venir pendant une gelée, qui avait duré cinq ou six jours avant Noël, 1,500 hommes de pied choisis de toutes les garnisons qui étaient dans l'étendue du commandement du comte de Lorge ; mais le dégel, qui vint mal à propos, rompit ou plutôt différa son entreprise.

Le propre jour de Noël, la gelée recommença avec tant de force qu'en peu d'heures la glace portait du canon ; et le duc de Luxembourg partit d'Utrecht le jour de Saint-Jean, avec un détachement de ses troupes le plus beau qui se soit jamais vu. Il avait 500 hommes de pied choisis, 1,500 chevaux et les dragons ; lesquels, joints aux 1,500 hommes des garnisons du Betaw [3], dont j'ai parlé, et à pareil nombre d'infanterie qu'on tira de Woerden, faisaient 8,000 hommes de pied, 1,500 chevaux et 300 dragons. Le duc de Luxembourg arriva à Woerden à dix heures du matin, mais à peine y était-il entré que le dégel recommença par une neige épouvantable qui dura jusqu'au lendemain. Cela n'empêcha pas toutefois notre général de poursuivre son entreprise ; il envoya sonder les glaces par Mélac, capitaine de cavalerie de notre garnison [4], avec sa

---

1. Luxembourg ne reçut le bâton de maréchal qu'en 1675.

2. On l'avait faite dans le dessein de les noyer tous, et de les obliger par là à venir demander grâce la corde au col, et on fit tout le contraire, car on rendit par là toutes leurs places inaccessibles (A). — Sourches ignore évidemment que les auteurs de l'inondation de la Hollande ont été les Hollandais eux-mêmes, et non les Français.

3. Le Betaw est une région comprise entre le Lech et le Wahal.

4. C'était un Gascon huguenot d'auprès de Duras, qui avait déjà donné le moyen au duc de Luxembourg, en trouvant un chemin pour faire passer son infanterie au travers

*

compagnie, lequel ayant rapporté qu'elles portaient partout, le duc de Luxembourg qui vit à dix heures du soir toutes ses troupes prêtes à marcher, fit faire deux détachements de 5oo hommes de pied chacun, dont l'un était commandé par le comte de Sault [1], et l'autre par le marquis de Moussy, qui étaient les deux colonels qui devaient marcher les premiers. Ensuite il divisa toute son infanterie en deux brigades de douze bataillons chacune, dont il me donna la première à commander qui était celle de Picardie, et la seconde, qui était celle de Champagne, au marquis de la Mailleraye, colonel de Piémont. Après cela, il donna toute la cavalerie à commander au comte de Gassion, qui la commandait de droit en qualité de plus ancien brigadier, et un bataillon de Picardie détaché de la garnison de Bommel, avec ordre d'attaquer les retranchements des ennemis par la tête, quand le feu lui ferait connaître que nous aurions commencé de les attaquer par les derrières. Pour les dragons, notre général les garda avec lui.

Tous ces ordres étant donnés, il se mit en marche ; les détachements du comte de Sault et du marquis de Moussy marchèrent les premiers, ayant chacun à leur tête 100 grenadiers de leurs brigades. Ensuite marchèrent les grenadiers de la brigade de Picardie, à la tête de laquelle je les suivais, et après ma brigade venait celle de Piémont, qui avait aussi ses grenadiers à sa tête [2]. Le premier objet que nous eûmes en sortant de Woerden fut de trois ou quatre chevaux de main de nos généraux qui tombèrent sous la glace et eurent bien de la peine à s'en retirer, mais cela ne nous empêcha pas d'aller en avant. En cet ordre ayant traversé deux grandes lieues de glaces, qui crevaient à tous moments parce que le dégel continuait toujours, environ une heure avant le

---

de l'inondation lorsqu'il marchait au secours de Woerden, et pour prendre à revers les retranchements des ennemis. Il parvint depuis à être lieutenant-général et gouverneur de Landau (A).

1. Fils aîné du duc de Lesdiguières et son survivancier au gouvernement de Dauphiné. C'était un homme d'une grande valeur. Il avait alors son brevet de brigadier dans sa poche, mais il ne le voulut montrer qu'après l'action, afin d'être détaché comme colonel (A).

2. Il semble que le détachement, bien qu'allant à l'attaque de retranchements redoutables (Sourches dit que 3,000 hommes n'auraient pu les forcer de front), n'ait point emmené d'artillerie. Peut-être que le peu de consistance des glaces avait empêché le duc de Luxembourg de s'en munir. Peut-être aussi qu'espérant procéder par surprise à la pointe du jour, il l'avait jugée inutile.

jour, la tête de nos troupes trouva un canal qui n'était point glacé, sur lequel il fallut faire un pont, et cet ouvrage dura près de deux heures, au bout desquelles on se remit en marche, et malgré les glaces qui se crevaient partout, de sorte qu'il en sortait des jets d'eau d'une prodigieuse grosseur, on arriva vers les dix heures du matin sur le bord d'un autre canal fort rapide, sur lequel ayant fait de méchants ponts de planches et de fascines, les détachements passèrent ; mais les ponts s'étant rompus et la glace fondant de toutes parts, le reste demeura en deçà du canal dans un désordre effroyable[1]. Nonobstant toutes ces difficultés, notre général, qui avait fait encore passer quelques gens sur des tables de glace en forme de radeaux, rallia tout ce qui était passé avec lui, fit assembler tous les tambours et battre la charge, ce qui fit revenir les soldats qui s'étaient jetés dans les maisons voisines pour chercher du feu, et marcha aux ennemis, résolu de périr ou de les vaincre ; car il n'y avait plus que ce parti à prendre, et la retraite nous était absolument interdite. Pendant qu'il s'avançait, le marquis de la Frézelière, lieutenant-général de l'artillerie, envoya son fils faire faire un pont sur le canal, sur lequel presque tout le reste de l'armée passa fort heureusement.

Cependant, après avoir marché plus d'une demi-lieue sur une digue, nous trouvâmes deux retranchements que les ennemis avaient abandonnés à nos gens détachés ; cela fut d'un bon augure pour nous, et nous continuâmes notre marche, voyant avec plaisir la joie et la fierté briller dans les yeux de nos soldats. A un quart de lieue de ces retranchements, nous trouvâmes beaucoup d'eau à passer, mais nous y fîmes en peu de temps une espèce de digue avec des fagots qui s'y trouvèrent en grand nombre, et dès que nous eûmes passé, nous aperçûmes Swammerdam, qui était le

---

1. Ce fut là que le chevalier de Boufflers, colonel des dragons du Roi, depuis maréchal de France, duc et pair, colonel des gardes et gouverneur de Flandre, et le marquis de Cœuvres, colonel du régiment d'Auvergne, depuis duc d'Estrées et gouverneur de l'Ile de France, pensèrent se noyer, ayant été chacun trois fois au fond de l'eau (A). — Dans une lettre de Luxembourg à Louvois, du 3 janvier 1673 (citée par C. Rousset), on lit ceci : « Nous avons pensé perdre M. de Cœuvres qui a enfoncé dans les glaces, aussi bien que M. de Boufflers. Je ne puis me passer de vous dire ce qui est arrivé au lieutenant-colonel de Douglas ; il enfonça dans un trou où il eut de l'eau par-dessus la tête et fut perdu sous la glace, où ayant touché du pied à terre, elle le repoussa en haut, et de sa tête il perça la glace qui était au-dessus et fut sauvé. » (Archives de la guerre.)

quartier des ennemis que nous devions attaquer. Les grenadiers détachés les chassèrent d'un pont-levis avancé qu'ils gardaient, et qu'ils rompirent en se retirant, et en même temps le comte de Sault prit avec son détachement sur la gauche du petit canal sur laquelle était ce pont, et le marquis de Moussy prit la droite. Je suivis le comte de Sault avec le premier bataillon de Picardie, et le second bataillon du même régiment par l'ordre de notre général suivit le marquis de Moussy. Le comte de Sault marcha aux ennemis à son ordinaire, c'est-à-dire fier comme un lion, pendant que le marquis de Moussy en faisait autant de l'autre côté ; mais ils ne furent pas également heureux, car le comte de Sault voulant aller donner dans le quartier des ennemis, trouva le canal du Vieux-Rhin, qui s'opposait à son passage, de sorte qu'il fut obligé de faire un mouvement pour aller gagner le pont que les ennemis avaient rompu, et dans ce mouvement il essuya à revers tout le feu qu'ils firent.

Le duc de Luxembourg, qui était à la tête de tout du côté du comte de Sault, fit en même temps jeter quelques planches et quelques claies sur le pont rompu, et le détachement du comte de Sault commença à défiler dessus, sous le feu des ennemis. Pour moi, que mon inclination avait porté à suivre le comte de Sault avec le premier bataillon de Picardie, voyant que mon camarade n'avait pu donner dans le quartier des ennemis, je vins me poster à des maisons qui étaient assez près du bord du petit canal au bout du pont sur lequel on défilait, et en y allant, d'Agnan, capitaine au régiment de Picardie, fut blessé derrière moi d'un coup de mousquet à l'épaule.

Cependant, le marquis de Moussy, qui avait été assez heureux pour marcher à la droite du petit canal, était arrivé sans perte au bout du grand pont-levis du Vieux-Rhin sur lequel on pouvait passer dans le village de Swammerdam, mais les ennemis l'avaient levé de leur côté, et ils saluèrent d'abord le marquis de Moussy de quantité de coups de mousquet, de sorte qu'il était bien embarrassé, aussi bien que le duc de Luxembourg, n'y ayant point de bateaux pour passer un canal si large, et même, quand il y en aurait eu, étant impossible de hasarder le passage en bateau devant cinq bataillons qui défendaient le village de Swammerdam,

POUR SERVIR A L'INTELLIGENCE
MOUVEMENTS EXÉCUTÉS PAR LE
DE LUXEMBOURG, AU MOIS DE
MBRE 1672.

———

quis est extrait d'une très belle carte
existant aux Archives de la Guerre,
re :

représentant toutes les marches et opé-
de l'Armée de Sa Majesté le Roi de
sus les ordres de S. A. S. Monseigneur
gunat de Brunswic Lunebourg, depuis
sque dans la province d'Hollande et à
m en l'année 1787, ainsi que les retran-
et autres ouvrages qui avaient été
pour la défense de cette Province par
n soi-disant patriotique. Le tout dressée
les ordres de S. A. S. Monseigneur le
Ornage et de Nassau, stathouder héré-
apitaine général et Admiral des Pro-
ies, sous la direction de M⁰ Dumoulin,
(général-major) et Directeur général de
esse de la République, par D. G. P.
apitaine du génie de L. H. P. (Leurs
aissances :.

, à droite, on lit : Cop. par Fr. Culemann,
ar.

le est en verges du Rhin, et correspond
ativement au 1/300 000ᵉ.

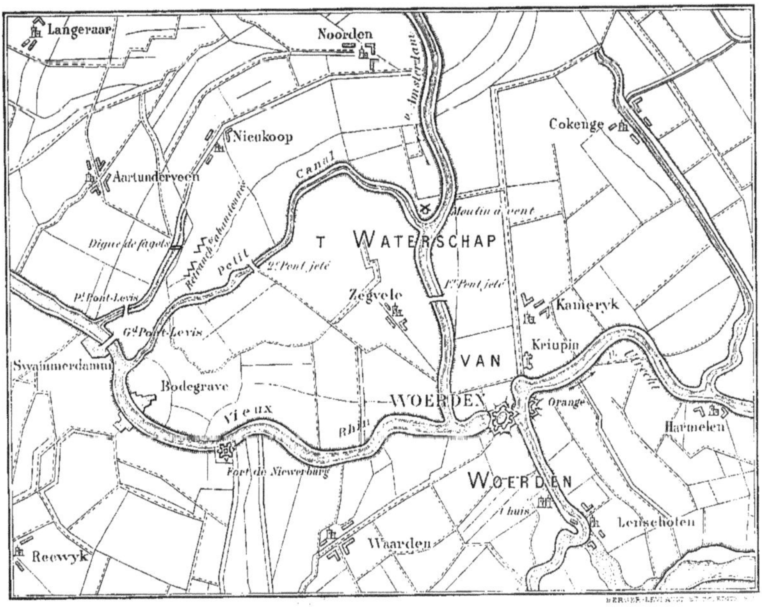

et 600 chevaux que nous voyions en bataille sur la droite ; le tout sous les ordres du comte de Königsmarck, lieutenant-général des ennemis.

Comme notre général était dans cette perplexité, l'aide-major du régiment de Lionnois[1] le vint aborder, et lui dit qu'il avait remarqué que les ennemis n'avaient point mis de corps de garde à leur pont, et lui proposa de lui permettre de passer le Vieux-Rhin à la nage, et d'aller baisser le pont-levis à la barbe des ennemis avec quatre braves soldats qui s'étaient offerts à le suivre, dont il y avait deux Français, un Italien et un Suisse. Le duc de Luxembourg le refusa d'abord, lui représentant que le canal était très large, qu'il n'était tout au plus qu'à demi dégelé parce qu'on en avait seulement rompu la glace avec des bateaux ; que les ennemis le voyant passer l'eau à la nage l'accableraient de coups de mousquet ; et que quand il serait même assez heureux pour éviter ce danger, ils le passeraient par les armes quand il voudrait s'approcher du pont. Tant de difficultés ne rebutèrent pas néanmoins ce brave aide-major et il soutint si bien la possibilité de son entreprise, que notre général, qui était d'ailleurs très embarrassé, lui en donna la permission.

En même temps, lui et ses quatre soldats ôtèrent leurs baudriers[2] et, prenant leurs épées dans leurs dents, ils passèrent le Vieux-Rhin à la nage sans que les ennemis s'en aperçussent, et dès qu'ils furent sur le bord, ils coururent tous ensemble à la chaîne du pont-levis, et l'abaissèrent[3]. Le comte de Sault, qui avait repris la tête du marquis de Moussy avec son détachement, et qui se tenait prêt sur le bout du pont, ne vit pas plutôt abaisser le pont-levis qu'il courut avec ses gens pour s'en rendre le maître. Les ennemis vinrent pour s'y opposer, mais ils furent culbutés ; le marquis de Moussy arriva en même temps que le comte de Sault et, passant avec son détachement, il fut suivi du second bataillon de Picardie et de celui de Normandie et de Sourches

---

1. Sourches ne donne pas le nom de cet officier. Le libelle hollandais le désigne ainsi : « Luide, major au régiment de Lionnois. »

2. Toutes les troupes du Roi en avaient en ce temps-là, et de très larges (A).

3. Le soldat suisse fut tué par un de nos gens qui tira indiscrètement, et fut pleuré de toutes les troupes (A).

qui faisaient corps ensemble. Cependant, notre général m'avait donné ordre de garder le pont du petit canal qu'on avait raccommodé, jusqu'à ce que j'eusse de ses nouvelles, et j'avoue que je n'avais pas obéi sans chagrin; mais il avait une bonne raison, qui était que comme nous étions au milieu du pays ennemi, les troupes qui devaient passer le grand pont auraient été en grand péril, si les ennemis étaient venus se saisir des derrières.

L'infanterie des ennemis n'avait pas tenu longtemps dans le village de Swammerdam, mais elle s'était retirée en désordre après quelque légère perte, et leur cavalerie avait aussi fait une prompte retraite. Ainsi les ennemis ne paraissant plus en aucun endroit, les soldats mirent le feu dans le village de Swammerdam, qui fut d'autant plus vite consumé qu'il y avait dedans des magasins de poudre et de grenades. Cependant, le duc de Luxembourg marcha avec une partie des troupes qui étaient passées droit à Bodegrave, grand village éloigné d'une demi-lieue de Swammerdam, en retournant vers Utrecht, où les ennemis avaient ordinairement un de leurs quartiers [1], ne doutant pas qu'il ne les y trouvât encore; mais les mêmes troupes qui avaient défendu Swammerdam étaient celles qui avaient été en quartier à Bodegrave.

D'autre côté, quelques soldats ayant pillé une grosse belande [2] qui était sous le pont de Swammerdam, y avaient mis le feu, lequel s'était communiqué au pont avec tant de violence, qu'il ôtait toute communication entre les troupes qui étaient avec le duc de Luxembourg et celles qui n'étaient pas encore passées. J'étais demeuré à la garde du pont du petit canal, qui était celui qui va de Swammerdam à Amsterdam, et j'y restai plus de trois heures sans avoir aucune nouvelle de notre général, ni de nos maréchaux de camp qui l'avaient suivi. Je voyais les deux tiers de l'armée autour de moi, dans une extrême confusion, tous les bataillons s'étant mêlés au passage du premier canal qu'on avait eu tant de peine à passer. Il était, comme je le croyais, impossible de passer sur le pont qui brûlait, et d'ailleurs, le duc de Luxembourg m'avait ordonné de

---

1. Ce membre de phrase se rapporte à Bodegrave, non à Utrecht.
2. Sorte de chaland.

demeurer jusqu'à nouvel ordre dans le poste que j'occupais ; enfin, je me trouvais dans un étrange embarras, me voyant chargé du salut de toute l'armée. D'abord, ma première pensée fut de marcher à Bodegrave avec ce que j'avais de troupes, mais ne sachant pas par quel chemin je pourrais y arriver parce que le dégel avait inondé tout le pays, et d'ailleurs n'étant pas assuré si le duc de Luxembourg y avait marché, je n'osai hasarder les troupes du Roi. Ensuite, je cherchai des expédients pour passer le canal, mais ce fut inutilement ; et enfin, après avoir changé plusieurs fois de résolution, je pris le parti de m'aller poster avec plus de 5,000 hommes que j'avais avec moi sur la digue[1], entre les deux retranchements que j'ai dit ci-devant avoir été abandonnés par les ennemis, et d'y attendre des nouvelles du duc de Luxembourg.

En effet, je me mis en marche pour y aller ; mais comme je commençais à marcher, Menouille, capitaine au régiment de la Marine, me vint avertir qu'il paraissait dans le canal d'Amsterdam quatre frégates qui venaient à toutes voiles. Cette nouvelle m'obligea de faire halte ; le canal était le long des retranchements que je voulais occuper, de sorte que j'y eusse été exposé au canon des frégates ; l'endroit où je me trouvais alors était vu à découvert de tous côtés, nous y étions tous les uns sur les autres dans l'eau jusqu'au genou, et les frégates pouvaient m'y venir foudroyer sans peine avec peu de danger. Je fis donc détacher sur-le-champ un capitaine, un lieutenant et un enseigne avec 50 hommes, avec ordre de s'aller poster à un moulin à vent qui était à la croisée de deux canaux par où les frégates pouvaient venir ; d'y tenir le plus longtemps qu'ils pourraient, et de me donner avis de tout ce qui se passerait. J'ordonnai encore au capitaine de faire mettre le feu à deux autres moulins à vent plus avancés qui étaient sur le bord du canal, espérant que les ailes de ces moulins venant à brûler pourraient tomber et se croiser sur le canal[2], ce qui arriva aussi comme je l'avais projeté.

Comme j'étais dans cet embarras, un aide de camp du marquis de Genlis, un de nos maréchaux de camp, parut dans le village

―――――――

1. Ne pouvant rester à l'endroit où j'étais, parce que j'y avais de l'eau jusqu'au genou, et qu'elle augmentait à vue d'œil (A).
2. Et ainsi empêcher les frégates d'approcher (A).

de Swammerdam, sur le bord de l'eau et demanda qui était le commandant des troupes qui étaient de notre côté. Je m'avançai et me nommai, et comme il eut entendu ma voix, il me dit de la part du marquis de Genlis de passer le pont avec mes troupes. Je lui répondis que j'obéirais dès qu'il aurait fait raccommoder le pont qui était brûlé. Il s'en retourna donc trouver le marquis de Genlis, qui revint lui-même au bord du Vieux-Rhin, et après que je lui eus rendu compte de ce que j'avais fait, et que je lui eus fait connaître l'état auquel je me trouvais, il m'ordonna de marcher avec mes troupes au bout du pont qui brûlait, me promettant de le faire raccommoder à l'instant.

J'obéis sur-le-champ avec joie, et je fis défiler toutes mes troupes sur le petit pont que j'avais gardé si longtemps, et me vins poster au bout du pont du Vieux-Rhin; mais une demi-heure après, le marquis de Genlis m'envoya dire par un soldat, qui passa au travers de l'embrasement, que je fisse passer les troupes sur le pont qui brûlait. Je lui mandai, par le même soldat, que pour ma personne j'étais prêt d'y passer, mais que pour les troupes du Roi, je ne les voulais pas jeter dans un péril si manifeste sans un ordre plus précis. Un quart d'heure après, je vis revenir le même soldat qui m'apporta ordre de la part du marquis de Genlis, de passer avec les troupes, à quelque prix que ce pût être. Alors, voyant qu'il n'y avait plus rien à ménager, j'ordonnai aux commandants de chaque troupe, que j'avais fait reformer au bout du pont, de me suivre au meilleur ordre qu'ils pourraient; je donnai ordre au lieutenant-colonel Stoppa[1], qui commandait après moi, de rester au bout du pont jusqu'à ce qu'il n'y restât plus aucun soldat; et à Chevilly, qui commandait les dragons du Roi, de faire l'arrière-garde de tout avec ses dragons. Après cela, pour donner l'exemple aux autres, je passai avec Trancallier, capitaine dans mon régiment, qui était venu volontaire avec moi, au travers du feu sur quelques poutres presque toutes brûlées, et ayant évité le danger du pont, je retombai dans celui du village, qui était encore tout en feu, et dont les maisons, qui tombaient à tous moments dans une rue fort étroite, pensèrent m'accabler plusieurs fois. Néanmoins, nous

----

1. Gentilhomme grison au service de la France.

nous en tirâmes tous deux heureusement, et nous trouvâmes le marquis de Genlis qui se chauffait dans une maison au bout du village avec le marquis de Cœuvres[1], et qui m'assura que le duc de Luxembourg était dans Bodegrave qu'il avait trouvé abandonné par les ennemis. Cependant toutes les troupes qui avaient été sous mes ordres filèrent au travers du feu, et cela dura si longtemps que le lendemain au soir nous voyions encore arriver des soldats à Bodegrave. Pour moi, après avoir longtemps marché sur une digue à demi glacée, où je fis bien des culbutes parce qu'il était nuit depuis longtemps, j'arrivai à Bodegrave avec le marquis de Genlis, le marquis de Cœuvres et quelques officiers principaux le jour des saints Innocents, à sept heures du soir, et je fus bien heureux de trouver, en y arrivant, Gosse, aide-major dans mon régiment, qui me conduisit à la maison qu'on m'y avait marquée, et où je fus ravi de passer la nuit devant un grand feu sur un lit de plume tout couvert de sang et de pus, qui avait servi aux malades des troupes hollandaises[2].

L'action de Swammerdam fut d'autant plus glorieuse au duc de Luxembourg et aux troupes du Roi, qu'il était plus nouveau de forcer le passage d'une grande rivière défendue par cinq régiments d'infanterie et par 600 chevaux; et que nous n'y perdîmes pas 50 soldats, tant de ceux qui se noyèrent au passage du second canal, que de ceux qui furent tués ou blessés pendant l'attaque, dont le plus regretté fut le Suisse qui avait passé le Vieux-Rhin à la nage avec l'aide-major du régiment de Lionnois, lequel fut tué lorsqu'il tenait la chaîne du pont, d'un coup qui fut tiré mal à propos par un de nos soldats. A l'égard des officiers, il n'y eut qu'un capitaine de Picardie, un de Lionnois, et deux ou trois lieutenants qui furent blessés. Les ennemis ne perdirent aussi que très peu de monde, et on ne leur fit que fort peu de prisonniers, parce qu'ils eurent le temps de s'enfuir pendant qu'on abattit le

---

1. Ils faisaient cuire un canard qu'on venait de tuer, dans une broche de bois, n'ayant rien de quoi manger (A).

2. Ce ne fut qu'après avoir bien bu et bien mangé, car j'avais d'abord fait suivre un traîneau chargé de toutes sortes de vivres ; mais comme il ne put passer le premier canal que nous rencontrâmes, je le fis piller par tous mes gens et par les officiers du régiment ; de sorte qu'ils avaient encore de quoi boire et de quoi manger en arrivant à Bodegrave, jusque là même que le lendemain j'en donnai au duc de Luxembourg et aux officiers généraux, qui n'avaient rien du tout. (A).

pont et qu'on le passa. Le seul drapeau que l'on gagna sur eux fut arraché à celui qui le portait par un soldat de ma compagnie, nommé *Le Provençal*.

On séjourna tout le lendemain de l'action à Bodegrave, pour donner aux soldats le temps de se rassembler. Ils s'étaient presque tous dispersés pour se chauffer dans les maisons pendant la nuit, et pour piller à leur aise. Le même jour, le duc de Luxembourg alla voir Niewerburg, qui est un fort au milieu du Vieux-Rhin, avec plusieurs redoutes et retranchements, que le colonel Pain-et-Vin[1], qui y commandait avec 1,200 hommes, avait abandonné dès qu'il avait entendu le feu de l'attaque de Swammerdam, et qu'il avait aperçu le comte de Gassion approcher de l'autre côté avec ses troupes. Le bataillon de Normandie et de Sourches, qui avaient fait corps ensemble pendant toute l'expédition, lequel avait été détaché le soir précédent pour se poster fort près de Niewerburg, et ainsi couvrir le quartier général, s'étant aperçu le matin que ce fort était abandonné, s'en était saisi et en avait envoyé donner avis au duc de Luxembourg.

Le 30e de décembre, notre général envoya le marquis de Genlis et le marquis de Cœuvres avec 1,200 hommes, pour commencer à raser les ouvrages avancés qui étaient entre Bodegrave et Nie-werburg, et cependant il prit avec lui 3,000 hommes et les dragons pour repasser le Vieux-Rhin, et essayer de forcer les passages des canaux qui nous séparaient de Leyde et de toute la Hollande. Je fus détaché avec 500 hommes et 300 grenadiers, et je passai le Vieux-Rhin sur le pont de Swammerdam, pendant que le duc de Luxembourg marchait sur l'autre bord avec les dragons, et que le reste des 3,000 hommes resta pour garder le passage de Swammerdam. D'abord il parut sur notre digue un parti de 50 hommes des ennemis, qui fut poussé bien loin par six grenadiers seulement que je détachai pour l'aller reconnaître. Mais ensuite nous trouvâmes des canaux si larges et si profonds qui étaient entièrement dégelés, que nous ne crûmes pas devoir tenter de les passer; et ce fut avec un extrême chagrin, car si nous eussions pu les traverser, nous aurions été les maîtres absolus de toute

---

1. Il portait des armes parlantes, car il était fils d'un cabaretier (A).

la Hollande, où il ne restait pour toute défense que les troupes que
nous venions de battre, pendant que le prince d'Orange était allé
faire le siège de Charleroi.

Le duc de Luxembourg voyant donc cette entreprise impossible,
voulut se venger sur une quarantaine de bâtiments qu'on nomme
des *heux*, de deux cents tonneaux chacun, qui étaient encore en-
gagés dans les glaces du Vieux-Rhin; j'eus ordre d'y faire mettre
le feu, ce que je fis à l'instant, et en trois heures de temps nous
brûlâmes pour plus de 100,000 écus de bâtiments, sans les mar-
chandises inestimables dont ils étaient chargés, qui furent pareil-
lement consumées. Après cet incendie, le duc se retira, et m'envoya dire de faire ma retraite avec mon détachement, et de mettre
le feu en me retirant à toutes les maisons qu'on avait épargnées
deux jours auparavant. J'exécutai ses ordres ponctuellement, je
repassai le pont de Swammerdam et le fis rompre, et ayant
trouvé le marquis de Boufflers, colonel des dragons du Roi [1], qui
brûlait aussi de son côté, nous fîmes ensemble l'arrière-garde de
l'armée [2].

Le lendemain, le duc de Luxembourg ayant résolu de brûler aussi Bodegrave, afin qu'il ne servît plus de retraite aux
ennemis, on commença d'en sortir sur les trois heures du matin,
dans le dessein de n'y laisser que le lieutenant-colonel Stoppa
avec 500 hommes pour mettre le feu en partant; mais les soldats
prévinrent l'intention de nos généraux et mirent le feu en tant de
différents endroits en même temps, que les troupes eurent une
extrême peine à se tirer du village. Néanmoins, par les bons ordres
du duc de Luxembourg et de nos maréchaux de camp, et par les
soins que les colonels se donnèrent, il n'y eut personne de brûlé [3].

---

1. Il ne s'appelait alors que le chevalier, car son frère aîné n'était pas encore
mort (A).

2. Le marquis de Boufflers devenu duc, pair et maréchal de France, se couvrit de
gloire au siège de Lille (1708) et à la bataille de Malplaquet (1709). Saint-Simon dit
de lui qu'il avait toujours montré « une probité sans la plus légère tache, une générosité aussi parfaitement pure, une noblesse en tout du premier ordre, et une vertu
vraie et sincère, qui ont continuellement éclaté dans tous le cours de sa conduite et
de sa vie. » Il ajoute que « personne n'aima mieux sa famille et ses amis, et ne fut
plus exactement honnête homme, ni plus fidèle à tous ses devoirs ». Tant de belles
qualités n'empêchaient pas Boufflers d'être de son temps, et, comme on voit, de *brûler*
des villages à l'occasion.

3. Hormis beaucoup d'habitants qui de désespoir se précipitaient dans les flammes;

On marcha tout d'un temps à Niewerburg, dont je vis avec étonnement les fortifications, ne pouvant comprendre comment les ennemis avaient été assez lâches pour abandonner un poste que cent hommes auraient aisément défendu contre toutes les troupes du Roi[1]. Imaginez-vous trois retranchements les uns sur les autres, faits de palissades grosses comme le corps d'un homme, au milieu d'un pays tout inondé et où on ne pouvait venir que par une digue, laquelle était occupée par une bonne redoute fraisée et palissadée, au-devant de laquelle il y avait un retranchement à mettre mille hommes en bataille, fraisé, palissadé, et à l'épreuve du canon. Toutes les fortifications que je viens de dire n'étaient proprement que les dehors d'un fort, bâti dans le Vieux-Rhin, lequel, du côté de Woerden, avait deux bons demi-bastions, et de celui de Bodegrave, seulement une ligne droite, dont le parapet était, comme tous ceux du fort, à l'épreuve du canon, avec un bon fossé, une fraise et une palissade d'une énorme grosseur ; le tout enveloppé d'un autre travail de pareille figure, fraisé et palissadé de même, auquel le Vieux-Rhin servait de fossé.

Le duc de Luxembourg, faisant défiler ses troupes au travers du fort que je viens de dépeindre, où il avait trouvé vingt-deux petites pièces de canon de fonte, y laissa trois bataillons de Picardie et celui de Normandie et de Sourches pour le raser, et étant venu passer à Woerden, qu'il eut bien de la peine à gagner parce que l'eau passait sur les digues, il s'en alla toute la nuit à Utrecht dans un petit bateau, et fut suivi du marquis de Genlis et des colonels qui étaient venus avec lui ; laissant à Woerden Madines, brigadier d'infanterie, pour seconder le comte de la Marck[2], lequel envoya le lendemain 800 hommes de la garnison à Niewerburg pour faire avancer plus promptement la démolition. Le même jour, on crut que les ennemis avaient dessein d'attaquer nos travailleurs ; mais ils ne venaient que pour reconnaître ce qu'on faisait au fort, et ils se retirèrent dès qu'ils virent Senneuille,

---

et, pour dire la vérité, il se commit pendant cette expédition une infinité de crimes qui faisaient horreur (A).

1. Le prince d'Orange fit pendre deux colonels, parmi lesquels étaient *Pain-et-Vin*, ainsi que plusieurs officiers de la garnison de Niewerburg.

2. Gouverneur de Woerden.

lieutenant-colonel de Picardie[1], qui marchait à eux avec 3oo hommes. Cependant le comte de la Marck, en ayant eu avis, ne laissa pas d'y envoyer 5oo hommes de renfort tirés des troupes qui étaient restées à Woerden, lesquelles gagnèrent toutes Utrecht les jours suivants, sur des bateaux, le plus promptement qu'il fut possible.

Après une action si hardie et si heureuse, le duc de Luxembourg, se contentant de la gloire qu'il avait acquise, demeura quelque temps en repos, attendant que l'hiver lui fournît de nouvelles glaces, qui lui donnassent lieu de faire encore quelque entreprise sur les ennemis. Pour moi, je restai environ quinze jours à Woerden, d'où le duc de Luxembourg eut la bonté de me rappeler, et j'en sortis avec joie, à cause de la désagréable vie que j'y menais, pour en aller goûter une plus douce à Utrecht auprès de notre général. En effet, j'y passai fort agréablement tout le carnaval, et presque tout le carême, participant tous les jours aux plaisirs honnêtes par lesquels le marquis de Cœuvres, mon bon ami, tâchait de rendre le temps du quartier d'hiver moins ennuyeux. Les glaces revinrent, mais si faibles que l'on ne put rien entreprendre, outre que le peu de troupes que nous avions et le retour du prince d'Orange après avoir manqué son entreprise de Charleroi, nous obligeaient à nous tenir sur la simple défensive.

---

1 Qui avait été tiré par distinction du régiment de Normandie pour être mis à la tête de Picardie, dont les dix premiers capitaines et leurs compagnies avaient fait naufrage dans le vaisseau *la Lune* (A).

LA FAMILLE DE SOURCHES [1]

Louis-François du Bouchet, marquis de Sourches, naquit à Paris en 1639. Il fut pourvu, le 23 août 1664, de la charge de prévôt de l'hôtel du roi et de grand prévôt de France, accompagnée d'un brevet de retenue de 400,000 livres, représentant exactement la somme payée en 1643 au maréchal d'Hocquincourt par son père, lequel se démit en sa faveur. Le 19 décembre 1665, il reçut du roi commission de la charge de colonel et de celle de premier capitaine de la 1re compagnie du régiment d'infanterie vacant par la mort du maréchal de Clérembault, et qui prit le nom de régiment de Sourches. Peu de temps après, il était nommé conseiller d'État d'épée. Puis, le 26 avril 1670, il obtenait le gouvernement et la lieutenance générale des provinces du Maine et du Perche, des villes et châteaux du Mans et de Laval, vacants par la mort du duc de Tresmes. Il se démit de sa charge de grand prévôt en 1714, en faveur de son fils aîné, Louis du Bouchet, comte de Montsoreau [2], et mourut le 4 mars 1716.

Le comte de Montsoreau, né en 1666, fut successivement colonel des régiments de Périgord et de Sourches, brigadier d'infanterie en 1702, maréchal de camp en 1704, chevalier de Saint-Louis en 1705, lieutenant général en 1710 et conseiller d'État. Il mourut en 1746.

Son fils, Louis du Bouchet, marquis de Sourches, né en 1711, fut d'abord cornette de chevau-légers, puis successivement mestre

---

1. Communication de M. le lieutenant-colonel Rousset.
2. Le marquis de Sourches avait épousé, le 21 septembre 1664, la fille du comte de Montsoreau, dont le titre, devenu célèbre depuis le roman d'Alexandre Dumas, vint par héritage à son fils.

de camp du régiment de Berry et brigadier en 1742, maréchal de camp en 1744, lieutenant général en 1748, gouverneur de Dusseldorf en 1759, chevalier du Saint-Esprit en 1773, enfin gouverneur de Berghes. Il prit une part très honorable à plusieurs campagnes des guerres de succession d'Autriche et de Sept ans, et mourut en 1788. Il avait épousé, en 1741, la fille du maréchal de Maillebois.

Le dernier descendant mâle de cette race de soldats fut Louis-Emmanuel du Bouchet de Sourches, marquis de Tourzel, mort en bas âge en 1844. Il était petit-fils du dernier grand prévôt de France [1], mort lui-même en 1815.

La mère de celui-ci, gouvernante des Enfants de France en 1789, accompagnait la famille royale à Varennes, et fut créée duchesse par Louis XVIII, avec droit de transmission. Elle a laissé des *Mémoires* très intéressants, qui ont été publiés.

Enfin, la sœur de l'avant-dernier Sourches avait épousé en 1817 le comte, depuis duc des Cars, pair de France, lieutenant général, grand-officier de la Légion d'honneur et commandeur de l'ordre de Saint-Louis, qui commandait en 1830 la 3e division du corps expéditionnaire d'Alger, et fonda le haras du Pin.

---

1. Cette charge était devenue héréditaire dans sa famille. Voici, d'après l'*État de la France 1682*, t. Ier, quelles étaient ses attributions :

« Monsieur le prévôt de l'Hôtel, grand prévôt de France, est le juge ordinaire de la Maison du Roy, et le plus ancien juge roïal ordinaire du roïaume, son institution étant aussi ancienne que la Monarchie, puisqu'il n'y a point eu de roy de France qui n'ait eu son juge dans sa maison et pour sa suite. Le prévôt de l'Hôtel juge de toutes sortes d'affaires en matières civiles et criminelles entre les officiers du Roy et pour eux, contre ceux qui ne le sont pas. Luy seul a le droit d'aposer les scellés et faire des inventaires et tous autres actes de justice dans le Louvre, dans les galleries et leurs dépendances, même dans les maisons roïales qui ne sont pas éloignées de Paris plus de quatorze lieues, ainsi qu'il a été jugé par arrêt contradictoire du conseil, du 25 mars 1650, rendu en faveur des officiers de la prévôté de l'Hôtel, contre les officiers du Châtelet. Il peut aussi informer dans Paris de tous les crimes et délits particuliers, pour et contre les gens de la cour et suite du Roy, et maisons roïales, contre les vagabonds et autres cas, concurremment et par prévention avecque les autres prévôts. A la suite du Roy, il arrête les taux des vivres, et fait d'autres choses nécessaires pour la police, par ses lieutenants de robe longue, ou, en leur absence, par les lieutenants et exemps de robe courte, qui appelent avec eux les officiers et principaux habitants du lieu. Quand le Roy fait voïage, il donne ordre que plusieurs marchans et artisans privilégiés suivent, pour fournir la cour de toutes sortes de vivres et de choses nécessaires, lesquels marchans sont appelés privilégiés, et ont pouvoir de tenir boutique ouverte à Paris et autres villes, et jouissent des exemptions. »

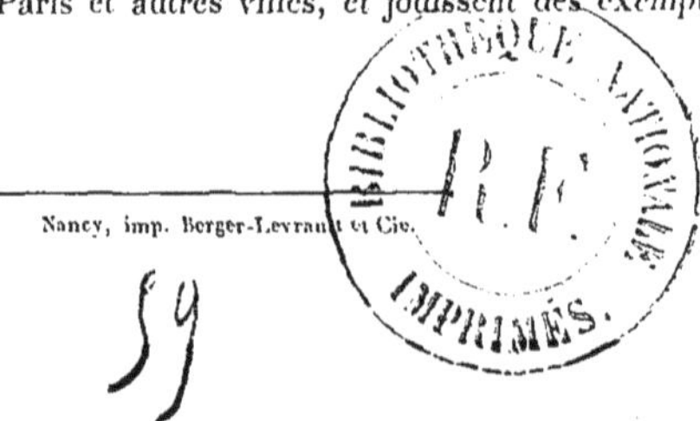

Nancy, imp. Berger-Levrault et Cie.